Uwe Böschemeyer

GLÜCK DURCH VERZICHT?

story.one – Life is a story

story.one

1. Auflage 2022

Eine Marke der Storylution GmbH

Gesetzt aus Minion Pro und Lato.

Printed in the European Union.

ISBN: 978-3-903715-28-8

Für meine Tochter Corinna

INHALT

Vorwort

Das hätte ich nicht gedacht: dass ich als alter Mann noch eine neue Form großer Freiheit finden würde. Eine Freiheit, von der ich nicht einmal zu träumen wagte. Nein, ich übertreibe nicht. Es geht nicht um eine große Theorie, sondern um freieres *Leben*. Einen Anstoß zu dieser Freiheit verdanke ich keinem Geringeren als dem größten Philosophen des letzten Jahrtausends: Immanuel Kant, in dessen Brevier „Fundamente des wahren Lebens" ich den für die heutige Zeit meines Erachtens äußerst passenden Satz gelesen habe: „Reich ist man nicht durch das, was man besitzt, sondern mehr noch durch das, was man mit Würde zu entbehren weiß. Es könnte sein, dass die Menschheit reicher wird, indem sie ärmer wird und gewinnt, indem sie verliert."

„Was man mit Würde zu entbehren weiß ...". Ich vermute, dass viele Zeitgenossen bei oberflächlichem Lesen dieses Satzes in Windeseile eine tiefe Falte auf ihrer Stirn entwickeln.„Entbehrung?"„Mit Würde entbehren?" Nein, der Zeitgeist ist mit einer ganz anderen Frage beschäftigt: Wie wird unser Leben aussehen, wenn die Pandemie endlich vorbei sein wird? Werden wir wieder *haben*, was uns zur Zeit immer mehr abhanden kommt? Und was wird sein, wenn die Gefahr eines dritten Weltkrieges uns tatsächlich treffen sollte? Dehalb, so denken vermutlich viele, lasst uns die Regale leerkaufen, denn die Möglichkeit besteht, dass in Zukunft nichts mehr so sein wird, wie es einmal war. Also lasst uns vorsorgen, sagen auch andere, bevor die kriegerischen Gewitter sich auch über uns entladen. Wiederum andere haben es nicht leicht, ihrer aufkommenden Angst zu widerstehen, „wie das alles werden wird". Wie geht Leben angesichts der gegenwärtigen Bedrohungen und Unsicherheiten und auch im Blick auf die Zeit „danach"? Und: Gibt es etwas, was wir hier und heute sogar lernen könnten?

Inzwischen gibt es weltweit neue Varianten von Corona, und es verdichtet sich die Sorge, dass die Drohungen aus Moskau keine leeren Phrasen sein könnten. Der Boden unserer Welt schwankt, ist brüchig, nicht mehr verlässlich, nicht mehr berechenbar – ob wir´s wahrhaben wollen oder nicht.

Und was ist mit meiner angekündigten neuen Freiheit?

Geben Sie mir, liebe Leserinnen und Leser, die Möglichkeit, Ihnen nach und nach darauf zu antworten. Dabei geht es mir nicht nur um die Entfaltung des Satzes von Kant. Es geht mir auch um Erfahrungen meines langen Lebens, zunächst meiner Kindheit und Jugend, dann im Umgang mit fragenden, verunsicherten, ängstlichen und verzweifelten Menschen.

Ich selbst beginne die Niederschrift dieses kleinen Buches in der Hoffnung darauf, dass wir, auch wenn die Realität noch dunkler werden sollte, nicht verloren gehen, weder äußerlich noch innerlich. Woher ich meine Hoffnung nehme? Weil der Drang zum Leben zu den fundamentalen inneren Gefühlskräften gehört, die insbesondere dann lebendig werden, wenn sie gefragt sind.

Vom kleinen Glück in meiner Kindheit

Ich weiß, dass sich vieles, wenn nicht alles im Leben verändert. Nichts bleibt so, wie es ist. Deshalb ist die Gegenwart auch kein Maßstab zur Beurteilung dessen, was in der Vergangenheit geschah. Und doch: Wenn ich an meine Kindheit denke, kommen mir Erinnerungen, die mich, wenn ich an den Titel dieses kleinen Buches denke, nachdenklich machen.

Einmal im Jahr kam ein Mann kurz nach dem Ende des letzten großen Krieges zu uns nach Hause und fertigte für uns Mützen an. Ich freute mich jedes Mal auf ihn. Wenn ich nach einigen Stunden meine neue Mütze aufsetzte, war ich stolz und glücklich und wäre am liebsten sofort nach draußen gelaufen, um das soeben gefertigte Machwerk meinen Mitschülern zu präsentieren. Aus heutiger Sicht war das „Machwerk" keineswegs gelungen, aber damals fand ich es großartig und freute mich darauf, den Mützenmacher im kommenden Jahr wiederzusehen.

Eine weitere Erinnerung geht zurück zu den Weihnachtsfesten nach dem Krieg. Meine Mutter hatte mir Handschuhe und einen Schal gestrickt. Sie waren warm - und neu! -, wenngleich nicht immer passend, und ich war sehr dankbar für diese Geschenke. (Weniger beglückt war ich allerdings über die von meiner Mutter gestrickten Unterhosen, die fürchterlich kratzten. Aber ich trug sie mit Fassung). Und sonst?

Ein Highlight hatten sich zu Weihnachten meine Großväter überlegt. Der eine hatte Pferd und Wagen gebastelt, der andere das Gespann angemalt. Welch eine Freude löste dieses Machwerk aus!

Meine Erinnerungen fließen weiter: Meine Schulkameraden und ich waren begeisterte Fußballer. Leider hatten wir keinen Ball. Da kam jemand auf die Idee, die große Blase eines geschlachteten Schweins mit Wasser zu füllen, sie zuzuschnüren und damit auf dem Kirchplatz zu spielen. Wir alle wußten, dass es bessere Bälle gab, doch gab es für uns zunächst keine Alternative. Vor allem aber: Unser Vergnügen an dem Spiel war durch die Schweineblase kaum gemindert.

Und noch eine Erinnerung, die ich gern mitteile: Waren meine Schuhsohlen abgelaufen, gab es in den ersten Jahren nach dem Krieg keine neuen Schuhe. Ich brachte die alten zum Schuster. Und wenn ich sie abholte, war meine Freude über die gelungene Reparatur groß. Ich kann mich nicht erinnern, dass mich später neue Schuhe mehr begeistert hätten als diese frisch besohlten.

Es ist mir bewusst, dass es zu diesen Quellen der Freude keine Alternativen gab und daher keine Vergleichsmöglichkeiten. Und doch: Ich spüre angesichts meiner Freude, Ihnen, liebe Leserinnen und Leser, diese aus heutiger Sicht banalen Dinge erzählen zu dürfen, worauf es ankommt: nicht auf die Dinge und Ereignisse an sich, sondern darauf, *wie* ich sie erlebe und erfahre. Spüren Sie, welche Freiheit von dieser Einsicht auf ihr konkretes Dasein ausgehen könnte? Daher ist auch nicht der Verzicht - worauf auch immer - bestimmend für unser Leben, sondern wie ich ihn deute.

Von der Weisheit meines Musiklehrers

Als ich meinem Klavierlehrer sagte, ich müsse ihn leider verlassen, um mich in meinem Orgelspiel zu verbessern, sagte dieser liebenswerte Pianist zu mir: „Wenn Du zu Günther de Witt gehst, wirst Du nicht wieder zu mir zurückkommen.“ Ich widersprach ihm vehement. Ich sah ihn wirklich nicht wieder.

Günther de Witt war ein weiser Mann. Wenn ich jetzt an ihn denke, sehe ich wieder sein feines Lächeln um seinen Mund. Weise war er und gütig. Und ein Majestro der Musik. Sein Äußeres ließ nicht darauf schließen, dass er ein bedeutender Musiker war. Sein Inneres untersagte ihm jedwede Eitelkeit. Er verzichtete auf künstlerische Allüren. Er war bescheiden und doch, so empfand ich, wußte er, wer er war. Deshalb bat er mich sogar, ihn einmal in seiner Kirche an der Orgel zu vertreten –, obwohl niemand wußte, dass nicht Günther der Witt die Orgel spielte, sondern ich.

Es gab, meine ich mich zu erinnern, kaum eine Stunde, in der wir nicht auch miteinander gesprochen hätten. Es ging auch humorvoll in den Stunden zu, vor allem dann, wenn ich versuchte, die Noten Paul Hindemiths zu verstecken. Dann zog er mit spitzen Fingern das Heft aus einem Notenstapel hervor und lachte mich aus und an.

Vieles von dem habe ich vergessen, nur eines nicht: Er erzählte mir von einer Klavier-Aufnahme am Norddeutschen Rundfunk. Mit mehreren Aufnahmen waren die Studio-Leute zufrieden gewesen. Ein Spiel aber begeisterte de Witt selbst besonders. Diese Aufnahme hätte er selbst gern in die Welt entlassen, obwohl ihm ein winziger Fehler unterlaufen war. Wegen dieses winzigen Fehlers jedoch musste er das Stück noch einmal spielen. Er spielte fehlerlos, aber dieser Aufnahme, die dann gesendet wurde, fehlte, so sagte es mein Lehrer, das Herz. Seine Argumente, den anwesenden Herren zu verdeutlichen, wie er sich selbst gehört hatte, blieben unver-standen. Er, der Künstler, hätte gern auf die perfekte Aufnahme verzichtet, aber die für die Sendung verantwortlichen Männer entschieden sich für die scheinbare Vollkommenheit seines Spiels.

Ich hörte ihm still zu und wagte nichts dazu zu sagen. Aber er wußte, dass ich ihn verstanden hatte.

Später, als ich als junger Organist andere Musiker des Konservato-riums auf einer Auslandsreise begleiten durfte, kam ich bei dem Konzert mit der meiner Meinung nach zu komplizierten Orgel nicht zurecht. Zudem waren wir von einer langen Reise sehr erschöpft, bevor das Konzert überhaupt begann. Ich spielte schlecht wie nie zuvor.

Ich befürchtete, meinen Lehrer blamiert zu haben. Der aber lächelte einige Tage nach dem Desaster und fragte nur: „Möchtest Du lesen, was in der Zeitung zu Eurem Konzert geschrieben steht?“ Nein, das wollte ich nicht. Wir sprachen nicht weiter darüber. Alles war für uns gut.

Ich blieb bei Günther de Witt bis zu meinem Studium in einer anderen Stadt.

Die Last der vielfältigen Angebote

Wann immer ich vor Regalen eines Supermarkts stehe, erfasst mich ein gewisser Zorn. Da stehe ich zum Beispiel vor einem Regal mit Deos oder Gesichtcremes und denke: Diese Anhäufung unterschiedlicher Kosmetika ist mir zuwider. Ich will nicht meine Zeit damit vergeuden, die einzelnen „Produkte" näher zu studieren. Denn ich will mich nicht auf „Entscheidunsprozesse" einlassen, die mich davon abhalten, meine Zeit anders füllen zu können.

Damit wir uns recht verstehen, liebe Leserinnen und Leser: Ich mag eine gute Gesichtscreme und ein wohlriechendes Deo, aber ich hätte keinerlei Probleme, wenn die Angebote in den Regalen bescheidener ausfielen.

Ein anderes Beispiel: Ich fürchte den Gang in Schuhgeschäfte. Ich möchte zum Beispiel einen Sportschuh kaufen. Aber statt des einen werden mir nach und nach acht dieser Schuhe zur Wahl vor die Füße gelegt. Die meisten sind gleich schön und vielleicht sogar passend. Und wieder werde ich armer potentieller Käufer in

„Entscheidungsprozesse“ gelotst, die ich nicht will. Zugegeben, vielleicht brauchen manche Kunden mehr Angebote als ich, weil ihre Füße inzwischen ihre frühere Form eingebüßt haben. Ich aber wäre sehr einverstanden, wenn mir statt acht vier Schuhe offeriert würden. Auf das Studium der anderen vier würde ich so gern verzichten.

Was von Schuhgeschäften gilt – dieses Beispiel erscheint mir jetzt, da ich es noch einmal lese, vergleichsweise harmlos - gilt noch viel mehr von den zahllosen weiblichen und männlichen Kleidungs-stücken, die uns angeboten werden. Mir kommt die verwegene Frage: Wäre es so „schlimm“, wenn wir eines gar nicht so fernen Tages weit weniger „Produkte“ dieser Art angeboten bekämen?

Immer wieder kommt mir die Erinnerung an eine Fernsehsendung, in der ein kleines hübsches philipinisches Mädchen auf einem Müllberg Materialien sammelte, die es irgendwann verkaufen wollte. Sie wirkte so heiter, ja glücklich in ihrem schmutzigen Kleidchen.

Ich ahne Ihren Einwand: Vielleicht, wahrscheinlich sogar kannte das Mädchen nichts anderes als diesen Müllberg -, so wie wir Jungs zu unserer Zeit nichts als die unsere schief geschnittenen Mützen, unsere neu besohlten Schuhe oder die Schweineblasen als Fußbälle kannten.

Was will ich sagen? Wir leben in einer Zeit der dinglichen Über-fülle und Überlastung. Glücklich hat uns diese Fülle nicht gemacht! Und sinnerfüllt schon gar nicht. Und wenn einmal die Zeit kommen sollte, in der uns diese Überfülle genommen werden wird, so sehe ich keinerlei Anlass, Trübsinn zu blasen. Mir selbst würden dann die Erinnerungen an meine Kindheit und Jugend mit allem unfreiwilligen Verzicht auf „das alles" aufhelfen, und deshalb habe ich Ihnen gern von meinen früheren Erfahrungen erzählt. Kurzum: Nicht darauf kommt es an, was ich habe oder nicht habe, sondern darauf, was ich *bin*, nämlich ein Mensch, der primär nicht von dem lebt, was er äußerlich erreichen kann, sondern von dem, was seine innere Welt ihm geben könnte, wenn er sich aufmachte und sich öffnete für das in ihm „wartende Leben".

Der Konsumwahn

Wer wissen möchte, was er sich unter Konsumwahn vorzustellen habe, dem epmpfehle ich - zum Beispiel – an einem Samstag durch die Straßen einer Stadt zu *schlendern*. Und was sieht er da?

Viele hetzende, einander manchmal schubsende Menschen, bepackt mit Paketen, getrieben von der Suche nach einem weiteren Geschäft. Und treffen sie einen Bekannten oder eine Freundin, haben sie „keine Zeit", „gerade viel Stress", „müssen sie schnell weiter". Dann bleibt der andere – vielleicht – kopfschüttelnd – stehen.

Besonders in dieser Zeit scheint das Einkaufen – keineswegs nur von Lebensmitteln! –, zu den herausragenden Tätigkeiten vieler Menschen zu gehören. Denn man weiß ja nicht, sagen sie, was aufgrund von Corona oder der Gefahr aus Russland auf uns zukommen kann. Vorsorge scheint deshalb hier und heute besonders verantwortungsvoll zu sein.

Ich verstehe die Zeitgenossen, die so handeln. Und ich weiß, dass viele aus Angst so handeln. Sie ist ja auch nicht unbegründet, doch wer sich auf sie *fixiert*, lässt sich von seinem „Besitztrieb" dominieren. Und dieser Trieb füllt ihn immer mehr aus, drängt alle spezifisch menschlichen Gefühle zurück, so zum Beispiel den Mut, die Gelassenheit, die Lebensfreude, die Kreativität, die Spiritualität. Das bedeutet?

Je weniger ein Mensch von dem lebt, was er *ist*, desto mehr will er *haben*, was er bislang nicht hat. Je weniger er *in sich selbst* ruht, desto mehr strebt er nach *außen*. Je frustrierter seine Seele ist, desto mehr gewinnt sein „Besitztrieb" Macht über ihn. Und wenn er seinen Konsumzwang nicht „abstellen" kann, desto rascher wiederholt sich der Kreislauf.

Ja, es ist schön, „sich etwas Gutes" zu tun. Aber was? Sicher auch durch den Kauf eines todchicen Kleides, das gar nicht billig war. Sicher auch durch eine Reise in den Süden, von dem man lange geträumt hat. Was immer es sei: Es ist wichtig, sich die Frage zu stellen, ob man dies oder das unbedingt braucht? Vor allem aber: Brauche ich dies oder das, weil ich meine, vom Leben zu wenig zu *haben*? Oder brauche ich dies oder das, weil ich zu wenig das *bin*, was ich sein könnte? Kann es sein, dass ich mich *zuviel* um das kümmere, wonach mein „Besitztrieb" schon lange schielte und *zuwenig* darum, was mir meine Träume nimmermüde hinhalten?

Ich bin als Psychotherapeut oft Menschen begegnet, die von sich sagten, dass sie „eigentlich" alles hätten: Sie seien (noch) gesund. Wirtschaftlich ginge es ihnen fabelhaft. Sie seien gut verheiratet. Ihre Kinder machten ihnen viel Freude und trotzdem: Glück sähe doch anders aus. Oder?

Ich bedauere diese Menschen, weil ich nicht mehr daran zweifle: Glück finde ich niemals nur im Außen, sondern vor allem in meinem eigenen Inneren.

Ist das nicht großartig? Relativ unabhängig zu sein von der äußeren Welt und frei zu sein oder zu werden durch die Zuwendung zu meiner *ureigenen* inneren Welt? Ob das eine Illusion ist? Nur für den, der den Reichtum seiner inneren Welt nicht kennt. Doch das ist kein Schicksal.

Immer mehr, immer schneller, immer gieriger

Es wird viel darüber geredet, geschrieben, geklagt und geschimpft, dass „alles" immer schneller, immer besser, immer ichbezogener wird. Woran ich denke? Zum Beispiel an den Sport in seinen vielen Varianten, vor allem aber an den bezahlten Fußball. Dabei schicke ich gern voraus, dass ich in meiner Jugend leidenschaftlich Fussball gespielt und intensiv das Geschehen der „Großen", also die Spiele in den Bundesligen, verfolgt habe. Inzwischen bin ich nur noch angewidert von dieser Szene. Warum?

Weil in den „höheren" Ligen fast nur Millionäre spielen.

Weil der Fußball primär zu Wirtschaftsunternehmen degeneriert ist.

Weil Verträge geschlossen und nicht eingehalten werden.

Weil atemberaubende „Ablösesummen" gezahlt werden.

Weil die Clubs sich bei diesen Zahlungen oft überbieten.

Weil bei den Vertragsabschlüssen die Berater oft wichtiger sind als die Spieler selbst.

Weil immer mehr Spiele angesetzt werden ohne Rücksicht auf die Gesundheit der Spieler.

Weil viele Verletzungen der Spieler das Ergebnis von Überlastun-gen der Spieler sind.

Weil das schreckliche Wort *Gier* auf den Rasen transportiert wurde, sicher nicht zuletzt durch die Geldgier vor allem derer, die an den Spielern verdienen.

Weil die Spieler nur noch selten Vorbilder für junge Menschen sind.

Weil selbst die geachteten Trainer offensichtlich nichts gegen diesen geldgierigen Unfug tun.

Weil insbesondere der Fußball in den Medien einen Raum einnimmt, der ihm aufgrund der eben angedeuteten Probleme nicht zusteht.

Ich schalte nur noch selten den Fernseher an, wenn Fußball- „Spiele" gezeigt werden. Und wenn ich es tue, denke ich oft zugleich an die Millionen hungernden Kinder und Erwachsenen, auch in unseren sozialen Ländern. Und wenn hin und wieder der eine oder andere Spieler seine soziale Ader entdeckt, dann ist er rasch darum bemüht, die Öffentlichkeit darüber zu informieren.

Welche Symbolkraft würde für unsere und andere Gesellschaften davon ausgehen, wenn dieser Sport wieder zum Sport -, wenn das Spiel wieder zum Spiel würde -, wenn in den Sportsendungen wieder die Leichtigkeit einzöge statt des oft verbissenen Ernstes!

Sie meinen, ich verkennte die Realität? Diese Fußball-Szene würde nie und nimmer auf ihren Geldwahn verzichten? Unterschätzen wir nicht die vielen Zeitgenossen, für die soziale Gerechtigkeit mehr ist als ein Wort!

Wir leben in einer gewaltigen Umbruchszeit! Solche Zeiten sind immer beides: Krise und Chance. Ein „Weiter wie bisher" würde auch den Fußball um die Möglichkeit bringen, sich von Grund auf zu erneuern.

Kürzlich starb der letzte 1954-Fußballer der deutschen Weltmeister-elf. Ich sehe noch heute, wie die Mannschaft nach ihrem großen Erfolg mit dem Zug nach Hause fuhr. Die Spieler winkten glücklich den zahllosen Menschen zu, die den Zug begleiteten. Mir wird wehmütig ums Herz.

Der Gesundheitswahn

Das Leben sei keine Problemzone, und wer sich ständig vorbeuge, könne sich nie zurücklehnen. Dieser mich begeisternde Satz findet sich auf dem Klappentext des befreienden Buches „Glücksmedizin. Was wirklich wirkt", das der Arzt und Wissenschaftsredakteur der „Süddeutschen Zeitung" Werner Bartens geschrieben hat. Für mich ist das Buch deshalb befreiend, weil es so „schrecklich normal" über das Leben schreibt. Bartens räumt auf mit den Einflüsterungen der Diät-, Wellness und Pharmaindustrie und ermuntert zu lustvollem Essen und Trinken, dem passenden Gewicht, dem richtigen Maß an Bewegung etc. und gibt darüber hinaus wertvolle konkrete Hilfen zum Leben.

Als Psychotherapeut liegt mir daran, dass sich meine Klienten und Patienten auch um ein gesundes Leben bemühen. Umso mehr staune ich darüber, dass viele unter Gesundheit primär die *körperliche* Dimension verstehen, dass viele geradezu einen Gesundheitswahn entwickeln. Nur ein Beispiel:

Für viele Zeitgenossen sind Nahrungsergänzungsmittel scheinbar die wahre Glücksmedizin, und wenn das eine oder andere Mittel Menschen glücklich macht, so wollen wir uns mit ihnen freuen. Und doch: Würden Sie oder ich auf die Fülle der Angebote eingehen, würden wir nicht nur (finanziell) ärmer, wir würden auch unserem Körper „Arbeit" zumuten, die ihm gar nicht bekömmlich ist. Nur ein Beispiel unter vielen möglichen: „80 bis 100 Milligramm Vitamin C decken den Tagesbedarf", sagt Werner Bartens in dem genannten Buch, „... Bei durchschnittlicher Kost wird dieser Bedarf mit der Nahrung mehr als gedeckt."

Es scheint so, als werde die Überbeschäftigung mit der eigenen Gesundheit für viele Mitmenschen in dieser Zeit sogar zum Religionsersatz. Wenn allerdings in Coronazeiten oft gesagt wird: „Bleiben Sie gesund", so ist dieser Wunsch verständlich. Doch längst vor der Pandemie war der Satz im Umlauf: „Hauptsache gesund!" Ist die (körperliche) Gesundheit tatsächlich die Hauptsache im Leben?

Diese Frage könnte allerdings zum Streit herausfordern, aber dazu bin ich nicht aufgelegt. Lassen Sie sich deshalb daran erinnern, dass jeder Mensch eine *Einheit* von Körper, Seele und Geist ist, und niemand ohne diese Einheit wirklich *leben* kann.

Und wenn für viele moderne Menschen die einseitige Beschäftigung mit dem Körper zum Religionsersatz geworden ist, so bedeutet das nichts Geringeres als dieses: dass sie ihre metaphysische Heimat verloren haben, also das klare Gefühl, mitten im Leben geborgen zu sein.

Was hat das alles mit unserem Thema „Glück durch Verzicht?" zu tun? Viele Menschen sind relativ gesund, viele sind es nicht. Und wenn sie es nicht sind, ist es wichtig, dass sie sich so weit wie möglich um Gesundung kümmern. Wichtiger jedoch ist meines Erachtens, die *Hauptsache im Leben* darin zu finden, das Leben, das eigene und das große ganze, *bejahen* zu lernen, auch dann, wenn der Verzicht auf manches nicht immer leicht fällt. Das aber ist vor allem die Aufgabe von Seele und Geist.

Der Erkenntniswahn

Ein junger Naturwissenschaftler hatte allen Ernstes die Idee, zu gegebener Zeit alles erkennen zu können. Dass sein honoriger Wunsch nie in Erfüllung gehen würde, wurde ihm an einem Traum deutlich:

Er klettert in eine sehr hohe Tanne. Er hat den Wunsch, in deren Spitze vorzudringen, um von dort aus bis zum Horizont sehen und alles erkennen zu können. Der Anfang gelingt ihm leicht. Doch dann passiert es: In der Mitte des Baumes bleibt er im Dickicht hängen, kann weder weiter nach oben klettern noch gelingt ihm der Abstieg. Er bleibt da, wo er ist, hängen. Und es beginnt ein lautes Wehklagen.

In unserem Gesspräch über sein nächtliches Erlebnis wirkt er sehr kleinlaut. Leise murmelt er vor sich hin: „Ich habe die Lektion verstanden."

Ich mag Sokrates. Dieser altgriechische Philosoph – er lebte von 470–399 vor Christus – prägte den berühmten Satz: „Ich weiß, dass ich nichts weiß." Für ihn war Philosophie angewandte Lebenskunst. Er verzichtete auf ein denkerisches System. Er entwickelte seine Gedanken, während er mit den Menschen diskutierte. Man machte ihm den Vorwurf, statt immer zu fragen, solle er Stellung beziehen und Problemlösungen anbieten. Doch ließ er diesen Einwand nicht gelten. Seine wichtigste Aussage war und blieb: „Ich weiß, dass ich nichts weiß." Jeder solle die Last und die Lust der Wahrheitsfindung auf sich selbst nehmen. Kurzum: Sokrates forderte den Verzicht, sich bei der Suche nach Wahrheiten auf andere Autori-täten zu verlassen.

Sokrates' berühmter Satz löst in mir noch andere Gedanken aus: Je älter ich werde, desto mehr schrumpft in mir mein vermeintlicher Wissensstand. Beispiele?: Manchmal betrachte ich fasziniert ein winziges Insekt, das vor mir (überflüssigerweise) flieht, wenn sich meine Hand ihm nähert. Biologen werden mich vielleicht irritiert anschauen, weil ich über das ihnen bekannte Insekt staune. Dagegen werden sie vermutlich ungläubig den Kopf schütteln, wenn ich meinerseits begeistert von den Tiefen der unbewussten, also der inneren Welt rede. Die Zahl der Beispiele ließe sich beliebig erweitern. Was will ich sagen?

Zwar habe ich zu Hause eine stattliche Bibliothek und sogar Bücher aus verschiedenen Disziplinen, von denen ich das eine oder andere sogar gelesen habe. Doch jede weitere Lektüre macht mir bewusst, wie wenig ich weiß.

Ist es nicht peinlich für mich, Ihnen, liebe Leserinnen und Leser, das einzugestehen? Nein, im Gegenteil: Ich fühle mich frei von dem Druck, sogar in meinem Fach alles wissen zu müssen. Mehr als das: Je mehr ich darauf verzichte, „alles" wissen zu wollen, desto bereitwilliger gibt mir mein Unbewußtes Auskünfte, nach denen ich gar nicht gefragt habe. Und: je freier ich mich in meiner inneren Welt fühle, desto „korrekter" verhält sich mein Verstand.

Kürzlich sah ich, wie von einem Hubschrauber aus Menschen an einem Meeresstrand fotografiert wurden. Jeder einzelne Mensch sah aus wie ein winziger Punkt in der Weite der Welt ...

Der Wissenschaftswahn

Der Biologe Rupert Sheldrake gehört zu den Vorreitern eines neuen ganzheitlichen Weltbildes, das Naturwissenschaft und Spiritualität miteinander verbindet. Eines seiner berühmt gewordenen Bücher trägt den Titel „Der Wissenschaftswahn. Warum der Materialismus ausgedient hat". Es sei ein Irrglaube der Wissenschaft, wenn sie meine, so Sheldrake, die Welt sei schon erklärt. Diese Haltung sei überheblich und verkenne, dass auch naturwissenschaftliche Erkenntnisse auf Vermutungen beruhten, die ihrerseits häufig nichts seien als reine Vermutungen und Behauptungen.

In der Tat wird in dieser Zeit das Wort Wissenschaft sehr groß geschrieben. Deshalb gehört das Wort „Studie" zu den begehrtesten und scheinbar verlässlichsten Aussagen zum Beispiel auch der medizinischen Wissenschaft.

Wissenschaft befasst sich mit dem, was man messen und erklären kann. Sie schafft Wissen, nicht aber Weisheit. „Wir müssen heute fürchten", hat der wissenschaftlich offene Jörg Zink einmal gesagt, „dass der Mensch die Weisheit nicht hat, seine eigene Intelligenz zu steuern, dass er also zu töricht ist, seine Klugheit vor Torheit zu bewahren. Er muss endlich lernen, Weisheit zu gewinnen, statt seinen Verstand anzubeten und ihm hirnlos zum Opfer zu fallen."

Weisheit dagegen ist offen für die Tatsache, dass das Sichtbare in keiner Weise die ganze Wirklichkeit umfasst, ja, dass die Wirklichkeit weit mehr ist als das, was wir sehen oder messen können. Was man wirklich zum Leben braucht, so meine ich -, ist der Blick dafür, dass die Welt mitsamt ihren natürlichen Tatsachen kein geschlossenes System darstellt, sondern weit darüber hinausgeht.

Drei schlichte Beispiele:

Jemand sagt nach einem abendlichen Spaziergang, er habe einen wunderschönen Stern gesehen. In Wirklichkeit sah er jedoch nur das Licht, das von diesem Stern ausging.

Oder: „Ich hab da so eine gewisse Ahnung", sagt ein anderer, und nennt seine Ahnung kurz danach absurd. Dann staunt er, wenn sie sich später bestätigt.

Oder: Da hat jemand einen „verrückten“ Traum, der ihn vor einem bestimmten Menschen warnt. Das stimmt jedoch mit seinen langjährigen Erfahrungen in keiner Weise überein.

Später aber stellt sich heraus, dass der scheinbar verrückte Traum ihn mit Recht gewarnt hat.

Nur wer bewusst darauf verzichtet, „alles“ verstehen zu wollen, wird begreifen, dass er selbst und die Welt, in der er lebt, letztlich ein Geheimnis ist. Wer seinen Verstand zwar wichtig nimmt, sich jedoch eingesteht, dass jener nur die Ränder Wirklichkeit streift -, wird ein Mensch sein, der die faszinierende Suche nach seinem eigenen Sein und seinem eigenen Sinn nicht aufgibt. Er wird vielleicht auch zu verstehen beginnen, wer oder was die Welt im Innersten zusammenhält. Und vielleicht wird ihm aufgehen, dass letztlich nicht eine anonyme Macht, sondern – gegen alle Vernunft und alles Sicherheitsdenken – Gott unser Leben in Händen hält.

Stress ist lebensfeindlich

Stress scheint für viele Zeitgenossen kein Problem zu sein, im Gegenteil: Es scheint, als sei er noch immer ein Statussymbol. Wer Stress hat, ist beschäftigt, wird gebraucht, ist wichtig, gilt etwas. So scheint es. Für viele andere dagegen ist er Ursache für viele Nöte.

Wenn ich in Seminaren die Teilnehmer bitte, sich Einfälle und Assoziationen zu bestimmten Begriffen kommen zu lassen, werden zu „Streß" besonders viele Aspekte genannt. Für manche Teilnehmer scheint es geradezu eine Wohltat zu sein, endlich all das beim Namen nennen zu können, worunter sie seit langem leiden. Da werden Begriffe geäußert wie zum Beispiel:

Druck, Termindruck, Leistungsdruck, Konkurrenzdruck, Überan- strengung, Erschöpfung. Ärger, Aggressivität, Überreiztheit, Nervosität, Hochspannung, Getriebensein, hoher Blutdruck, Depression, Zerschlagenheit, Angst, Konflikte, Störungen, Sinnlosigkeit, Müdigkeit, Hetze[1].

1 Sprachgeschichtlich sind die Begriffe „hetzen" und „hassen" verwandt. D.h.: Wer hetzt, haßt sich.

Einige Teilnehmer äußerten kurze Sätze wie z.B. diese:
Ich werde nie fertig. Die Aufgaben fressen mich auf. Ich bin mir selbst fremd. Ich kann mich nicht mehr entscheiden. Ich treffe nur noch falsche Entscheidungen. Meine Widerstandskräfte erlahmen. Ich habe keine Kraft mehr. Ich will hier weg. Meine Beziehung geht kaputt. Was soll das Ganze? Ich bin ausgebrannt. Ich will nicht mehr (leben).

In einer Wertimagination wanderte ein streßgeplagter Mann zu seinem Herzen. Er staunte darüber, wie schön es war. Er freute sich über die Farbigkeit der Wände und genoß den Duft, der durch den Innenraum drang. Er legte sich in der Mitte nieder und erlebte, wie gut es war, in seinem eigenen Herzen zu Hause zu sein. Hier wollte er bleiben.

Da erschien nach einiger Zeit sein „zweites Ich" in der Tür seines Herzens. Bei näherem Hinsehen bemerkte er in dessen Augen eine tiefe Traurigkeit. Auf die Frage, was er hier suche, antwortete jener: „Ich hüte dein Herz, wann immer du nicht zu Hause bist."

Wer unter Distreß leidet, sollte danach fragen, welche „Sorgen-geister" ihm am häufigsten begegnen. Und auch danach, ob das, worum er sich sorgt, tatsächlich sorgenswert ist. Eine in diesem Zusammenhang einfache, aber hilfreiche Frage lautet: Ist *„das"* so *wichtig?*

Wichtiger noch scheint mir diese Einsicht, die sich mir im Lauf der Jahre immer hilfreicher geworden ist:

Nicht die *Tatsachen* bedrängen unser Leben, sondern die *Gefühle,* die wir ihnen entgegenbringen. Nicht die Tatsachen bestimmen die Qualität eines Lebens, sondern unsere *Einstellung zu* ihnen! Nicht die Arbeit, nicht der Konflikt, nicht die Krise, nicht die Krankheit, nicht das, was uns fehlt, nicht das, was uns „das Schicksal" vorenthält, nicht diese Zeit etc., sondern die Art unserer Reaktion darauf bestimmt, wie wir unser Leben *finden* (finden!). Welche Befreiung liegt in dieser Erkenntnis! Welche Ermutigung geht davon aus! Es liegt vor allem an uns! Nicht primär an den Umständen. Es liegt an uns, ob wir und wie wir unser Leben *führen.* Es liegt deshalb auch an uns, ob wir uns dem möglichen Stress ergeben oder nicht.

Erzwungener Verzicht?

Unsere Zeit – ich schreibe im August 2022 – ist randvoll von Vorhersagen, Informationen, Appellen, Forderungen, auch Beschwichtigungen, was in naher Zukunft an unverzichtbaren Einschränkungen auf uns zukommen wird. Man stellt uns auf einen sorgsameren Umgang mit Wasser ein. Wir werden nicht mehr wie gewohnt die Heizung nach Belieben einstellen. Das Licht, das wir bisher in großer Selbstverständlichkeit brennen ließen, stellt uns gegenwärtig vor die Frage, ob wir es jetzt auch ausschalten könnten. Sie kennen selbst die Aufrufe durch die Medien.

Ich kann ein Bild aus Berlin nicht vergessen, das vor längerer Zeit in einer Nachrichtensendung gezeigt wurde. Soweit ich mich erinnere, wurde es bei einer Demonstration aufgenommen, in der es um die Verpflichtung ging, Masken zu tragen. Es zeigt einen Mann, der mit wutverzerrtem Gesicht auf den Boden stampft und brüllt: „Ich will meine Grundrechte zurück, und zwar sofort!“

Nein, ich möchte mich mit dieser Erinnerung nicht an Diskussionen beteiligen, wann, wo und wie der Pandemie sinnvoll zu begegnen sei. Ich sehe nur immer wieder das Gesicht des Mannes vor mir, der offenbar keine andere Meinung gelten ließ als seine eigene. Und in mir wurde (wieder) die Frage lebendig, was wir unbedingt brauchen, um leben, um gut leben zu können, was also tatsächlich unverzichtbar ist. Und was könnte das sein?

Man braucht nicht viel Lebenserfahrung, um zu wissen, dass wir immer wieder in Situationen geraten, die wir nicht wollen und mit denen wir uns nicht ohne Weiteres abfinden können. Und zweifellos ist unsere Zeit eine besonders herausfordernde. Und?

Es gibt grundsätzlich zwei Wege, auf das zu reagieren, was wir jetzt erleben und/oder noch erleben werden.

Der erste Weg: Wir können trübsinnig, resignierend, schimpfend, wütend die Tage durchleben. Dann würden uns viele Lebenstage verbrennen.

Oder, der zweite Weg, für den ich leidenschaftlich plädiere: Wir können diese schwierigen Tage auch als Tage *unseres Lebens* zu begreifen versuchen. Dazu einige Hinweise:

Weil wir freier sind, viel freier als viele Zeitgenossen wissen, haben wir die Möglichkeit,

- an jedem Tag danach Ausschau zu halten, was uns über unsere Sorge oder Angst hinaus an Lebens- und Liebens-wertem begegnet, zum Beispiel einem Menschen, mit dem wir unsere Sorge oder Angst *teilen* können -.
- begreifen, dass diese Zeit *von jedem Einzelnen* von uns erwartet, auf manches *bewusst* zu verzichten, worüber wir uns bisher keinerlei Gedanken gemacht haben. Es könnte sein, dass wir auf diese Weise ein *neues, bekömmliches Gefühl* für die große Gemeinschaft entwickelten, in der wir leben. Das wiederum würde manchen Mitmenschen von seiner einengenden, oft krankmachenden Ichbezogenheit befreien -,
- die Herausforderungen unseres Lebens als *Möglichkeiten* zu begreifen, mehr noch als bisher zu erkennen, „was an uns selbst dran ist", heißt: wer wir in *Wirklichkeit* sind -,
- und vielleicht noch wichtiger: sich nicht gegen die Ein-Sicht wehren, dass mit jedem Tag ein weiteres Stück Leben ab-läuft und jeder Tag unersetzbar ist.

Und wenn ich im Rollstuhl sitze?

Für Rollstuhlfahrer könnten die bisherigen Abschnitte wie Hohn klingen. Worauf sollten sie denn noch verzichten? Oft genug wurde ihnen von einem auf den anderen Tag genommen, was für sie *zunächst* das Wichtigste war: die Bewegungsfreiheit, das Selbstver-trauen und vieles andere mehr.

Nicht wenige Betroffene wollen *zunächst* nicht mehr leben. Ach, wie verständlich sind ihre Gedanken und (trostlosen) Wünsche! Und käme man ihnen mit dem Hinweis auf die inneren und äußeren Bravourleistungen der Paralympic-Sportler, so würden sich viele vom „Schicksal" geschlagene Menschen wahrscheinlich bitter äußern.

Während ich diese Zeilen schreibe, denke ich an einen Mann mittlerer Jahre, der durch einen schweren Autounfall an einen Rollstuhl gefesselt wurde. Obwohl sich seine Frau großartig um ihn kümmerte-, obwohl sein gesamtes Helferteam alles unternahm, um sein Leben so erträglich wie möglich zu gestalten -, hatte er nur den einen Wunsch, sich „dieses" Leben nehmen zu wollen. Aber selbst dazu war er nicht in der Lage!

Gibt es wirklich keine Alternative zum Selbstmord? Nicht laut antworte ich darauf: „Doch, schon, ich glaube daran." Warum?

Darf ich in aller Behutsamkeit keine „Argumente", sondern Hinweise zum Nachdenken für die erste Zeit nach dem Unglück geben?:

- Sich aus-sprechen ist not-wendig in der ersten Zeit nach dem Unglück, wenn der Verzweifelte sich selbst und seine Welt nicht mehr versteht, weil unterschiedlichste Gefühle ihn überwältigen: Gefühle von Schmerz, Verzweiflung, Ausweglosigkeit, Angst, Wut, Schuld, Scham, Sehnsucht, Gefühle der Anklage und Selbstanklage. Da kommen Wenn- und Abersätze - sie müssen ausgesprochen werden. Da kommen auch die schreienden Sätze gegen das Schicksal oder Gott - sie müssen Sprache finden dürfen.

- Sollte einmal die Stunde kommen, in der du dich fragst, ob du noch leben willst, dann frag dich auch, ob du schon sterben willst. Sollte einmal die Stunde kommen, in der du dich fragst, ob du dir dein Leben nehmen willst, dann frag dich auch, ob du es *behalten* willst.

- Manchmal geht es nicht mehr anders: Dann mußt du deine Not, deine Angst deine Bedrückung, deine Einsamkeit, deine Verlorenheit, was immer es sei, als deinen ganz persönlichen Lebensfeind sehen und ihn anschreien oder anbrüllen: Ich will dich nicht mehr! Ich hab dich satt! Verschwinde aus meinem Leben!

- Weshalb sind die anderen, wie du sagst, »mehr wert« als du? Sind sie gesünder als du? Sicher. Sind sie sympathischer? Meinst du das? Verstehen sie mehr vom Leben? Vielleicht. Lieben sie das Leben mehr als du? Gegenwärtig wahrscheinlich.

Sicher gibt es viele, die gesünder sind als du, vielleicht wirken sie zur Zeit auch sympathischer als du in deiner Verbitterung. Ob sie vom Leben mehr verstehen als du? Vielleicht zur Zeit. Mag sein, daß sie »das alles« und noch viel mehr haben. *Ich hatte dich jedoch gefragt, weshalb deiner Meinung nach die anderen »mehr« wert sind als du.*

Verzicht aus Liebe

Ich bin im Lauf meiner Jahrzehnte immer wieder Menschen begegnet, vor denen ich tiefe Achtung empfunden habe. Eltern von an Leib und Seele schwer geschädigten Kindern, die aus Liebe darauf verzichteten, sie in fremde Obhut zu geben. Erwachsene, die darauf verzichteten, ihre an Leib und Seele schwer geschädigten Eltern „ins Heim" zu bringen. Ich denke auch an Männer und Frauen, die aus Liebe zu ihren erkrankten Partnern auf eigene Selbstverwirklichung verzichten und in ihr gemeinsames Leben, so wie es ist, in aller Freiheit einwilligen. Weil sie ihren Gatten, ihre Gattin, weil sie ihre Lebenspartner lieben! Weil sie einen Grund haben, nichts anderes zu wollen als dieses eine Leben, so wie es jetzt ist. Denn Liebe ist die stärkste Gefühlskraft, ist manchmal sogar stärker als der Tod! Lassen Sie mich konkret werden:

Vor langer Zeit war's, als Mutter und Tochter vor mir saßen. Die Mutter war gekommen, weil „die Leute" sie übermäßig bemitleideten und ihre Angehörigen ihr nahelegten, Maria in ein gutes Heim zu geben, damit sie selbst auch

„etwas vom Leben habe". Dieses Verhalten „der anderen" konnte sie immer weniger ertragen. Während die Mutter erzählte, drückte sie ihre etwa 18-jährige schwer geschädigte Tochter liebevoll an sich. Und bevor ich auch nur ein Wort sagen konnte, sagte sie in fast drohendem Ton: „Aber verzichten werde ich auf meinen Schatz nie und nimmer, verstehen Sie?" Ich verstand. Ich kann mich nicht mehr daran erinnern, was ich der Mutter sagte, ich weiß nur noch, dass sie sich herzlich bedankte. Offenbar hatten meine Augen mehr gesagt als meine Worte.

Ein anderes Beispiel, das ich mit Einverständnis meiner Frau erzählen darf: Sie hat seit etwa zwanzig Jahren Multiple Sklerose. (MS). Wir arbeiten in unserer Akademie eng zusammen. Meine Frau hat die gesamte Organisation und den Digitalbereich über-nommen, von dem ich nichts verstehe, ich die Inhalte unserer Arbeit.

Als wir 2011 von Hamburg/Lüneburg nach Salzburg übersiedelten, hatte ich den Traum, von Salzburg aus kleinere oder auch größere Reisen von unserer neuen Heimat aus machen zu können, zum Beispiel ins wunderschöne Salzburger Land oder zum oberitalienischen

Lago Maggiore und andere mir bekannte attraktive Ziele. Manches war uns möglich, anderes inzwischen nicht. Doch der Verzicht auf solche Reisen fällt mir leicht. Denn:

Ich liebe meine Frau! Und sie liebt mich! Und wir sind miteinander sehr glücklich! Wir sind vor allem in den letzten drei Jahren, auch bedingt durch die Pandemie, in unserer schönen Salzburger Wohnung allein, allerdings durch einen regen Digital-Verkehr mit vielen Menschen verbunden.

Ich habe zwar schon manchmal Sehnsucht nach dem Lago Maggiore oder dem Luganer See etc. Aber dieses Gefühl bleibt an der Oberfläche. Glück durch Verzicht?

Das Glück *erfahre* ich täglich. An Verzicht *denke* ich – nur selten.

Die Freiheit, auf Vollendung des Lebens verzichten zu können

Zu diesem Thema darf ich mich äußern, weil ich mich im 84. Lebensjahr befinde. Ich gehöre zu den Menschen, die von Natur aus ungeduldig sind und sich mit dem, was ihnen die Gegenwart an Lebensmöglichkeiten bietet, nicht rasch zufrieden sind, – die in Ausschnitten der Wirklichkeit das Vollkommene suchen – und doch nicht erreichen können. Und nun?

Ich habe eine große Bibliothek, aber ich werde viele der Bücher nicht mehr lesen können.

Gern habe ich ein Glas Wein getrunken, aber ich verschenke die Flaschen, die ich geschenkt bekomme, weil meine Gesundheit Alkohol nicht mehr zulässt. Das gleiche gilt von bestimmten Speisen. Dabei war ich einmal ein leidenschaftlicher Esser.

Gern habe ich gejoggt, aber Joggen ist nicht mehr möglich, weil meine Wirbelsäule auf der Stelle protestiert, wenn ich den Versuch mache, sie zu überlisten.

Wie gern habe ich Pfeife geraucht! Nicht wenigen Menschen meiner Umgebung haben sich daran sogar erfreut. Aber meine Lunge ging irgendwann deutlich in den Protest.

Und dann das Autofahren! Ich bekenne, dass ich – wenn der Straßenverkehr es zuließ! - mich so richtig wohlfühlte, wenn der Tachometer rasch in die Höhe schnellte. (Um mich bei Ihnen nicht gänzlich unbeliebt zu machen, verzichte ich darauf, Zahlen zu nennen). Heute sitze ich auf dem Beifahrersitz und vertraue meiner Frau und unterlasse immer häufiger unqualifizierte „Tips".

Aber das Fahrrad ist doch noch eine Option? Leider nicht. Ich habe mein Rad verschenkt, weil ich darauf zu achten habe, dass ich mir nicht den Oberschenkelhals breche.

Diese Liste der Dinge, auf die ich inzwischen verzichten muss und kann, mag ausreichen, um Ihnen, liebe Leserinnen und Leser, ein halbwegs plastisches Bild von den Einschränkungen meiner „alten Tage" zu zeichnen, und sicher könnte ich die Liste, wenn ich wollte, noch verlängern. Denn das Wichtigste kommt ja noch:

Wie gern würde ich noch einmal mit meinen kleinen Kindern leben und ihnen das schenken, was sie meinetwegen entbehrt haben!

Wie gern hätte ich Frieden gemacht mit meinem Vater, der als SS-Mann im Konzentrationslager Sachsenhausen „arbeitete"!

Wie gern würde ich den Menschen, denen ich weh getan habe, noch einmal in die Augen sehen.

Wie gern wäre ich viel früher mit Gott ins Reine gekommen, mit diesem gütigen Gott, der mich durch mein nicht leichtes Leben so wunderbar geführt hat.

Ja, auf manches musste und muss ich verzichten, weil ich keine andere Wahl hatte und war und bin darüber betrübt. Auf manches habe ich bewusst verzichtet – ohne Groll -, weil es „vernünftig" war, obwohl ich nie ein wirklich vernünftiger Mensch war.

Und meine Freiheit? Ich bin inzwischen damit einverstanden, dass *diese* Welt keine vollkommene ist und dass die Freiheit gerade darin besteht, ein volles Ja zu ihrer Unvollkommenheit zu finden.

Zum Schluss

Ich verabschiede mich von Ihnen, liebe Leserin, lieber Leser. Ich war gern mit Ihnen im inneren Gespräch. Mit dem Kant-Zitat fing alles an. Es begleitete mich bis jetzt, ohne dass ich immer daran gedacht hätte.

Ich bin mir dessen bewusst, dass unser Thema auch für ein größeres Buch gereicht hätte. Ich verspüre allerdings jetzt nicht einmal die Neigung, alle Themen zu nennen, über die wir auch ins Gespräch hätten kommen können. Ich verzichte darauf sogar gern.

Wohl aber möchte ich noch einmal darauf eingehen, ob tatsächlich Glück durch Verzicht entstehen könnte. Und nun erliege ich doch zum Schluss meiner Neigung, „alles" richtig machen zu wollen und zu sagen, was denn Glück „eigentlich" sei.

Glück ist, so meine ich, das Erleben eines Menschen, die Situation, in der er sich befindet, gern bejahen zu können und nirgendwo anders sein zu wollen. Der aber findet am meisten

Glück, der es in Freiheit in hellen *und* in dunklen Gefilden findet, in seiner eigenen Seele und in der Welt, in der Zeit der Jugend, in mittleren Jahren und – Ja! – auch im Alter. Und der Weg dahin?

- Verabschieden Sie sich von den Schmerzen Ihrer früheren Zeit! Denn wer sich von dem, was früher einmal schmerzte, nicht verabschiedet hat, wird es nicht leicht haben, gegen-wärtig zu leben.

- Üben Sie sich ein in *gegenwärtiges* Leben! „Wie geht das?“ Indem Sie von Tag zu Tag ihre Konzentration auf das richten, was gerade „dran“ ist.

- Lassen Sie sich dazu locken, hin und wieder aus notwendigen Verzichten einen Sport zu machen und es einzuüben! Und was kann dazu locken? Die Erkenntnis, dass freiwilliger Verzicht, frei macht, immer freier.

- Darf ich Sie daran erinnern, dass Sie und ich freier sind als wir vermuten? Ja, das ist so!

- Studieren Sie Menschen, die glücklich sind, obwohl ihre Vorstellungen vom Leben einmal gänzlich anders waren als ihre Erfahrungen von heute.

- Recherchieren Sie ab heute mehr als zuvor Gründe fürs Glück! „Wie geht das?“ Achten Sie darauf, dass Ihre negativen Gedanken Ihre guten, hilfreichen, schönen und wahren Gedanken nicht überrollen.

UWE BÖSCHEMEYER

Prof. Dr. Uwe Böschemeyer, Psychotherapeut und Lehrtherapeut, geboren 1939, Schüler Viktor Frankls, Gründer des ersten Deutschen Instituts für Logotherapie, später der Akademie für Wertorientierte Persönlichkeitsbildung in Salzburg. Autor zahlreicher Bücher. Im Laufe seines Lebens hat er zahllose Lebens-geschichten gehört. Sein Motto: Du bist viel mehr.

Uwe Böschemeyer schreibt auf
www.story.one